초등학생을 위한

예쁘고 바르게

초등한글쓰기

'아름다운 글씨'는
쓰는 사람의 얼굴이고
마음입니다

편집부 펴냄

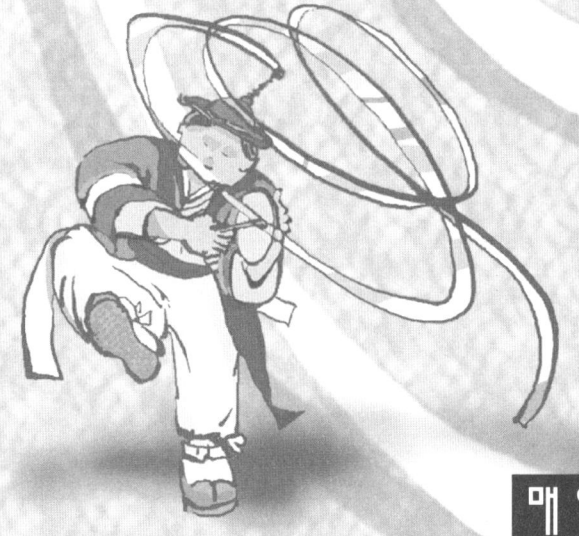

매일출판

차례

- **차 례** ⋯⋯⋯⋯⋯⋯⋯⋯⋯⋯⋯⋯⋯ 3
- **일러두기** ⋯⋯⋯⋯⋯⋯⋯⋯⋯⋯⋯ 4
  - 한글 쓰기 기본 (1) ⋯⋯⋯⋯⋯⋯⋯ 6
  - 한글 쓰기 기본 (2) ⋯⋯⋯⋯⋯⋯⋯ 7
  - 한글 쓰기 기본 (3) ⋯⋯⋯⋯⋯⋯⋯ 8

- **제1편 : 바른 한글 기본 익히기** ⋯⋯⋯ 9

- **제2편 : 기초 단어 쓰기** ⋯⋯⋯⋯⋯ 53

- **제3편 : 문장쓰기** ⋯⋯⋯⋯⋯⋯⋯ 97

- **부록**
  - 학습용어 해설 ⋯⋯⋯⋯⋯⋯⋯⋯ 125
  - 하루일과 표 ⋯⋯⋯⋯⋯⋯⋯⋯⋯ 126
  - 초대장 쓰기 ⋯⋯⋯⋯⋯⋯⋯⋯⋯ 127
  - 6하원칙 (六何原則) ⋯⋯⋯⋯⋯⋯ 128
  - 문장의 내용을 요약하기 ⋯⋯⋯⋯ 128

일 러 두 기

1 바른 자세

　글씨를 예쁘게 쓰고자 하는 마음과 함께 몸가짐을 바르게 해야 아름다운 글씨를 쓸 수 있습니다. 편안하고 부드러운 자세를 갖고 써야 합니다.

① **앉은자세** : 방바닥에 앉은 자세로 쓸 때에는 양 엄지발가락과 발바닥의 윗부분을 얕게 포개어 얹고, 배가 책상에 닿지 않도록 합니다. 그리고 상체는 앞으로 약간 숙여 눈이 지면에서 30cm 정도 떨어지게 하고, 왼손으로는 종이를 가볍게 누르면서 글을 씁니다.

② **걸터앉은 자세** : 의자에 앉아 쓸 경우에도 앉을 때 두 다리를 어깨 넓이만큼 뒤로 잡아당겨 편안한 자세를 취하면서 글을 씁니다.

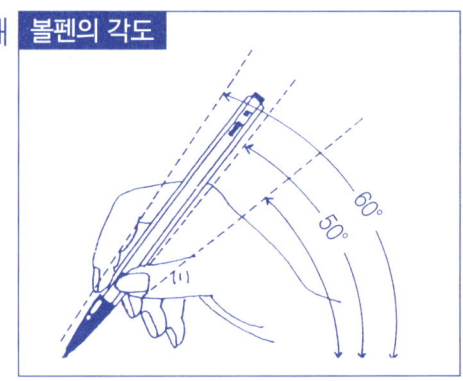

알맞은 집필법

2 쓰기 도구를 잡는 요령

① 볼펜은 펜 끝에서 1cm 이상 떨어지게 잡는 것이 알맞습니다.
② 볼펜의 각도는 수직에서 몸쪽으로 50~60° 만큼 기울어지게 잡는 것이 가장 알맞습니다.
③ 집게손가락과 가운뎃손가락, 그리고 엄지손가락 끝으로 볼펜을 가볍게 쥐고 양손가락의 손톱 부리께로 볼펜을 안에서 부터 받쳐 잡고 새끼손가락을 바닥에 받쳐 주면서 씁니다.
④ 지면에 손목을 굳게 붙이면 손가락 끝만으로 쓰게 되므로 손가락 끝이나 손목에 너무 의지하지 말고 팔로 쓰는 듯한 느낌으로 글을 쓰는 것이 가장 알맞은 자세입니다.

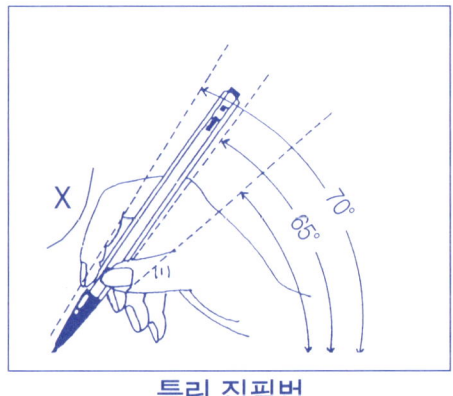

틀린 집필법

종류별 쓰기 도구의 알맞은 각도

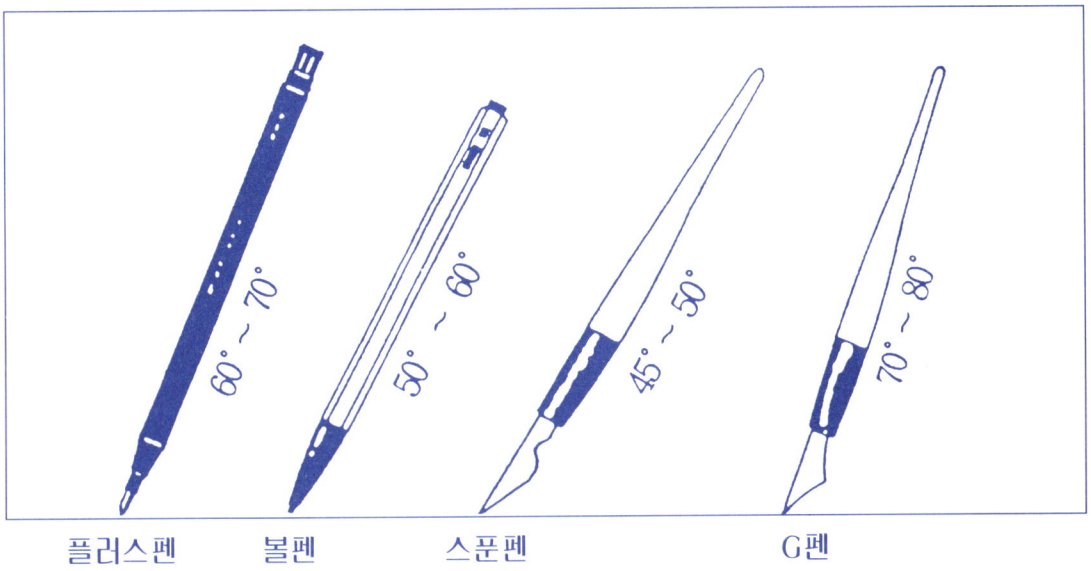

플러스펜   볼펜   스푼펜   G펜

3. 볼펜과 이외의 도구 고르기

볼펜이나 플러스펜은 현대에서 가장 보편적이고 합리적인 필기 도구로써 일반적으로 쓰여지고 있습니다. 이외의 것으로 스푼펜을 비롯하여 차드글씨용의 G펜, 제도용의 활콘펜 등이 있으나 스푼펜은 글씨 연습용으로 가장 적합한 필기구이지만 현실적으로 실용적이라 할 수 없어 볼펜이나 플러스펜으로 연습하려면 지면과의 각도를 크게 그리고 가급적 높게 잡아 쓰는 버릇이 효과를 크게 가져오는데 절대적인 방법일 수 밖에 없습니다.

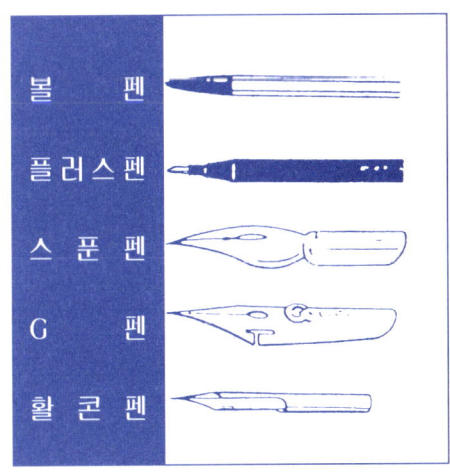

예쁘고 바르게 따라 써 보세요.

1. 자음 + 모음 쓰기 연습

한글 쓰기 기본 (1)

● 첫소리 + 가운뎃소리 쓰기 연습

가	나	다	라
마	바	사	아	자
차	카	타	파	하

예쁘고 바르게 따라 써 보세요.

2. 자음 + 모음 + 받침 쓰기 연습

한글 쓰기 기본 (2)

● 첫소리+가운뎃소리+끝소리(받침) 쓰기 연습

객	낸	댁	랠
명	별	생	액	적
책	켤	탱	편	홍

예쁘고 바르게 따라 써 보세요.

3. 쌍자음 + 모음 + 받침·쌍받침 쓰기 연습

한글 쓰기 기본 (3)

● 첫소리 + 가운뎃소리 + 끝소리(받침·쌍받침) 쓰기 연습

깎	깡	껐	땅
떴	떵	빨	뻤	뺨
쌍	쌈	썩	짝	짱

제1편
바른한글 기본 익히기

| 기본 한글 응용 단어 쪽의
| 그림 옆에 인쇄 활자체를
| 실었는데 아래 쓰기 연습을 할 때
| 비교하면서 학습하세요.

MAEILL 바른한글익히기

● 쓰기순서를 익히며 예쁘게 따라 쓰세요.

| 가 | 가 | | | | 각 |
| | 갸 | | | | 갈 |

● 첫째소리 + 가운뎃소리 + 끝소리(아래)를 익히며 바르게 따라 써 보세요.

거	겨	고	교	구	규	그	기
거	겨	고	교	구	규	그	기
건	경	공	곱	국	군	글	긴

MAEILL 기본한글응용단어쓰기

● 그림을 보고 단어를 바르게 써 보세요.

개구리	경찰관
개구리	경찰관

● 단어의 뜻을 생각해 보면서 예쁘게 써 보세요.

개구리	거북이	경찰관
개구리	거북이	경찰관

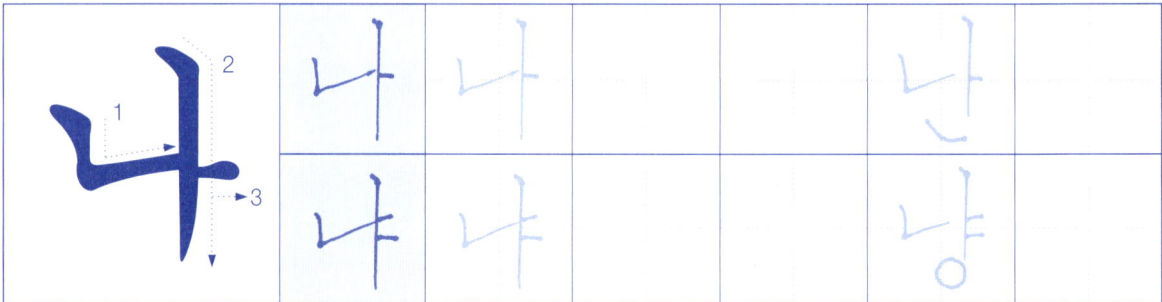

MAEILL 바른한글익히기

● 쓰기순서를 익히며 예쁘게 따라 쓰세요.

나	나	나			난
	나	나			낭

● 첫째소리 + 가운뎃소리 + 끝소리(아래)를 익히며 바르게 따라 써 보세요.

너	녀	노	뇨	누	뉴	느	니
너	녀	노	뇨	누	뉴	느	니
넘	념	높	농	눈	눔	는	닙

MAEILL 기본한글응용단어쓰기

● 그림을 보고 단어를 바르게 써 보세요.

나이테	눈사람
나이테	눈사람

● 단어의 뜻을 생각해 보면서 예쁘게 써 보세요.

나이테	농구공	눈사람
나이테	농구공	눈사람

MAEILL 바른한글익히기

● 쓰기순서를 익히며 예쁘게 따라 쓰세요.

다	다	다			달
	다	다			달

● 첫째소리 + 가운뎃소리 + 끝소리(아래)를 익히며 바르게 따라 써 보세요.

더	뎌	도	됴	두	듀	드	디
더	뎌	도	됴	두	듀	드	디
덩	덜	돈	동	둡	둠	등	딪

MAEILL 기본한글응용단어쓰기

● 그림을 보고 단어를 바르게 써 보세요.

다리미	도시락
다리미	도시락

● 단어의 뜻을 생각해 보면서 예쁘게 써 보세요.

다리미	도시락	두루미
다리미	도시락	두루미

MAEILL 바른한글익히기

● 쓰기순서를 익히며 예쁘게 따라 쓰세요.

| 리 | 라 | 라 | | | 랄 |
| | 랴 | 랴 | | | 랼 |

● 첫째소리 + 가운뎃소리 + 끝소리(아래)를 익히며 바르게 따라 써 보세요.

러	려	로	료	루	류	르	리
러	려	로	료	루	류	르	리
렁	련	롭	롱	룬	룰	름	립

MAEILL 기본한글응용단어쓰기

● 그림을 보고 단어를 바르게 써 보세요.

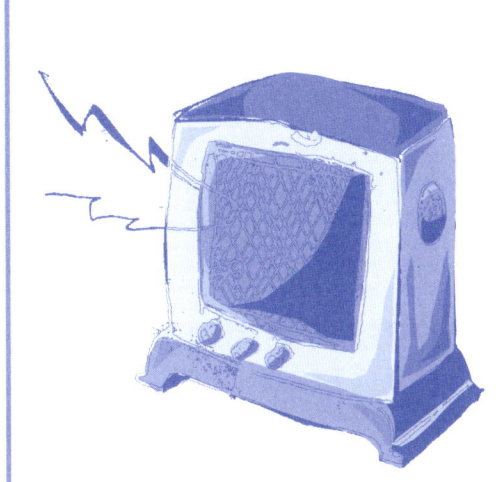

라 디 오	로 보 트
라 디 오	로 보 트

● 단어의 뜻을 생각해 보면서 예쁘게 써 보세요.

라 디 오	로 보 트	로 켓 트
라 디 오	로 보 트	로 켓 트

MAEILL 바른한글익히기

● 쓰기순서를 익히며 예쁘게 따라 쓰세요.

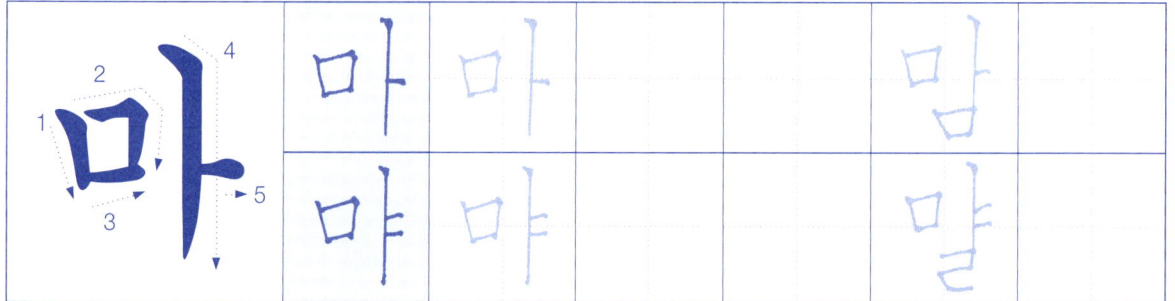

● 첫째소리 + 가운뎃소리 + 끝소리(아래)를 익히며 바르게 따라 써 보세요.

머	며	모	묘	무	뮤	므	미
머	며	모	묘	무	뮤	므	미
멀	면	몰	몽	문	문	뭄	민

MAEILL 기본한글응용단어쓰기

● 그림을 보고 단어를 바르게 써 보세요.

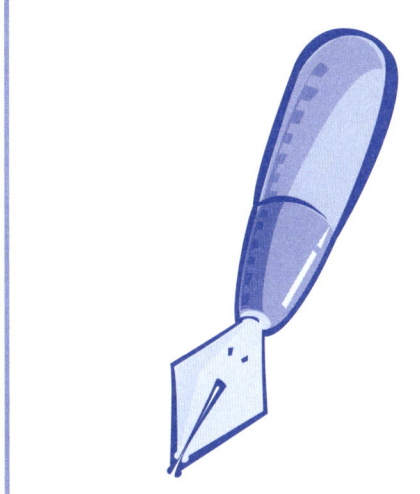

만년필	물고기
만년필	물고기

● 단어의 뜻을 생각해 보면서 예쁘게 써 보세요.

만년필	망원경	물고기
만년필	망원경	물고기

MAEILL 바른한글익히기

● 쓰기순서를 익히며 예쁘게 따라 쓰세요.

바	바	바			밥	
	뱌	뱌			밥	

● 첫째소리 + 가운뎃소리 + 끝소리(아래)를 익히며 바르게 따라 써 보세요.

버	벼	보	보	부	뷰	브	비
버	벼	보	보	부	뷰	브	비
벌	별	봅	봉	분	불	븐	빌

MAEILL 기본한글응용단어쓰기

● 그림을 보고 단어를 바르게 써 보세요.

바닷가	부모님
바닷가	부모님

● 단어의 뜻을 생각해 보면서 예쁘게 써 보세요.

바닷가	부모님	부엉이
바닷가	부모님	부엉이

MAEILL 바른한글익히기

● 쓰기순서를 익히며 예쁘게 따라 쓰세요.

사	사	사			샀	
	샤	샤			샹	

● 첫째소리 + 가운뎃소리 + 끝소리(아래)를 익히며 바르게 따라 써 보세요.

서	셔	소	쇼	수	슈	스	시
서	셔	소	쇼	수	슈	스	시
설	섰	송	숄	숙	숫	승	식

MAEILL 기본한글응용단어쓰기

● 그림을 보고 단어를 바르게 써 보세요.

산토끼	선생님
산토끼	선생님

● 단어의 뜻을 생각해 보면서 예쁘게 써 보세요.

산토끼	삼각자	선생님
산토끼	삼각자	선생님

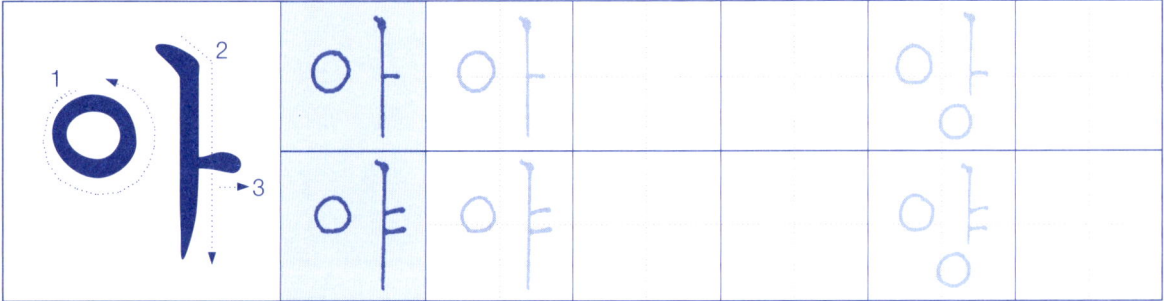

MAEILL 바른한글익히기

● 쓰기순서를 익히며 예쁘게 따라 쓰세요.

아	아	아		앙
	야	야		양

● 첫째소리 + 가운뎃소리 + 끝소리(아래)를 익히며 바르게 따라 써 보세요.

어	여	오	요	우	유	으	이
어	여	오	요	우	유	으	이
얼	연	옵	옹	운	울	응	입

MAEILL 기본한글응용단어쓰기

● 그림을 보고 단어를 바르게 써 보세요.

아버지	어머니
아버지	어머니

● 단어의 뜻을 생각해 보면서 예쁘게 써 보세요.

아버지	어머니	연필통
아버지	어머니	연필통

MAEIL 바른한글익히기

● 쓰기순서를 익히며 예쁘게 따라 쓰세요.

자	자	자			잦
	쟈	쟈			장

● 첫째소리 + 가운뎃소리 + 끝소리(아래)를 익히며 바르게 따라 써 보세요.

저	져	조	죠	주	쥬	즈	지
저	져	조	죠	주	쥬	즈	지
정	젖	종	족	준	줄	증	집

MAEILL 기본한글응용단어쓰기

● 그림을 보고 단어를 바르게 써 보세요.

잠수함	저금통
잠수함	저금통

● 단어의 뜻을 생각해 보면서 예쁘게 써 보세요.

잠수함	저금통	전화기
잠수함	저금통	전화기

MAEILL 바른한글익히기

● 쓰기순서를 익히며 예쁘게 따라 쓰세요.

차	차	차			참	
	차	차			찰	

● 첫째소리 + 가운뎃소리 + 끝소리(아래)를 익히며 바르게 따라 써 보세요.

처	쳐	초	쵸	추	츄	츠	치
처	쳐	초	쵸	추	츄	츠	치
청	쳣	총	촛	축	출	층	칙

MAEILL 기본한글응용단어쓰기

● 그림을 보고 단어를 바르게 써 보세요.

	차력술	축구공
	차력술	축구공

● 단어의 뜻을 생각해 보면서 예쁘게 써 보세요.

차력술	청소기	축구공
차력술	청소기	축구공

MAEILL 바른한글익히기

● 쓰기순서를 익히며 예쁘게 따라 쓰세요.

| 카 | 카 | 카 | | | 칼 |
| | 캬 | 캬 | | | 캴 |

● 첫째소리 + 가운뎃소리 + 끝소리(아래)를 익히며 바르게 따라 써 보세요.

| 커 | 켜 | 코 | 쿄 | 쿠 | 큐 | 크 | 키 |
| 커 | 켜 | 코 | 쿄 | 쿠 | 큐 | 크 | 키 |

| 컵 | 켤 | 콩 | 콘 | 쿨 | 쿨 | 큼 | 킹 |

MAEILL 기본한글응용단어쓰기

● 그림을 보고 단어를 바르게 써 보세요.

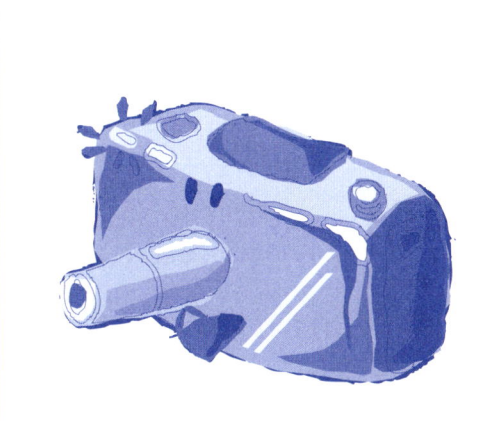

카메라	컴퓨터
카메라	컴퓨터

● 단어의 뜻을 생각해 보면서 예쁘게 써 보세요.

카메라	컴퍼스	컴퓨터
카메라	컴퍼스	컴퓨터

MAEILL 바른한글익히기

● 쓰기순서를 익히며 예쁘게 따라 쓰세요.

타	타	타			탕	
	타	타			탓	

● 첫째소리 + 가운뎃소리 + 끝소리(아래)를 익히며 바르게 따라 써 보세요.

터	텨	토	툐	투	튜	트	티
터	텨	토	툐	투	튜	트	티
텅	텁	통	톱	툭	툴	특	팅

MAEILL 기본한글응용단어쓰기

● 그림을 보고 단어를 바르게 써 보세요.

태권도	턱걸이
태권도	턱걸이

● 단어의 뜻을 생각해 보면서 예쁘게 써 보세요.

태권도	턱걸이	통조림
태권도	턱걸이	통조림

MAEILL 바른한글익히기

● 쓰기순서를 익히며 예쁘게 따라 쓰세요.

파	파	파			판
	파	파			팍

● 첫째소리 + 가운뎃소리 + 끝소리(아래)를 익히며 바르게 따라 써 보세요.

퍼	펴	포	표	푸	퓨	프	피
퍼	펴	포	표	푸	퓨	프	피
펄	평	폭	풋	푼	풀	퓸	필

MAEILL 기본한글응용단어쓰기

● 그림을 보고 단어를 바르게 써 보세요.

페인트	풍경화
페인트	풍경화

● 단어의 뜻을 생각해 보면서 예쁘게 써 보세요.

페인트	풋고추	풍경화
페인트	풋고추	풍경화

MAEIL 바른한글익히기

● 쓰기순서를 익히며 예쁘게 따라 쓰세요.

| 하 | 하 | 하 | | 학 |
| 하 | 햐 | 햐 | | 향 |

● 첫째소리 + 가운뎃소리 + 끝소리(아래)를 익히며 바르게 따라 써 보세요.

| 허 | 혀 | 호 | 효 | 후 | 휴 | 흐 | 히 |
| 허 | 혀 | 호 | 효 | 후 | 휴 | 흐 | 히 |

| | | | | | | | |
| | | | | | | | |

| 헌 | 형 | 홈 | 홍 | 훌 | 흥 | 흥 | 힙 |

MAEILL 기본한글응용단어쓰기

● 그림을 보고 단어를 바르게 써 보세요.

학습지	휴대폰
학습지	휴대폰

● 단어의 뜻을 생각해 보면서 예쁘게 써 보세요.

학습지	할머니	휴대폰
학습지	할머니	휴대폰

MAEILL 바른한글익히기

● 쓰기순서를 익히며 예쁘게 따라 쓰세요.

| 까 | 까 | 까 | | | 깎 |
| 까 | 까 | 까 | | | 깔 |

● 첫째소리 + 가운뎃소리 + 끝소리(아래)를 익혀며 바르게 따라 써 보세요.

꺼	껴	꼬	꼬	꾸	뀨	끄	끼
꺼	껴	꼬	꼬	꾸	뀨	끄	끼
껑	껶	꼭	꽃	꿀	꿋	끙	낀

MAEILL 기본한글응용단어쓰기

● 그림을 보고 단어를 바르게 써 보세요.

까막눈	까마귀
까막눈	까마귀

● 단어의 뜻을 생각해 보면서 예쁘게 써 보세요.

까마귀	까막눈	까불다
까마귀	까막눈	까불다

MAEILL 바른한글익히기

● 쓰기순서를 익히며 예쁘게 따라 쓰세요.

따	따	따			땅
따	따	따			딸

● 첫째소리 + 가운뎃소리 + 끝소리(아래)를 익히며 바르게 따라 써 보세요.

떠	떠	또	또	뚜	뚜	뜨	띠
떠	떠	또	또	뚜	뚜	뜨	띠
떳	떵	똑	똥	뚝	뚱	뜬	띵

MAEILL 기본한글응용단어쓰기

● 그림을 보고 단어를 바르게 써 보세요.

따돌림	따갑다
따돌림	따갑다

● 단어의 뜻을 생각해 보면서 예쁘게 써 보세요.

따돌림	따르릉	따갑다
따돌림	따르릉	따갑다

MAEILL 바른한글익히기

● 쓰기순서를 익히며 예쁘게 따라 쓰세요.

빠	빠	빠			빵
	빠	빠			빰

● 첫째소리 + 가운뎃소리 + 끝소리(아래)를 익히며 바르게 따라 써 보세요.

뻐	뼈	뽀	뾰	뿌	쀼	쁘	삐
뻐	뼈	뽀	뾰	뿌	쀼	쁘	삐
뺑	뼛	뽑	뽕	뿐	뿡	쁠	삔

MAEILL 기본한글응용단어쓰기

● 그림을 보고 단어를 바르게 써 보세요.

빠르기	빠지다
빠르기	빠지다

● 단어의 뜻을 생각해 보면서 예쁘게 써 보세요.

빠르기	빨랫감	빠지다
빠르기	빨랫감	빠지다

MAEILL 바른한글익히기

● 쓰기순서를 익히며 예쁘게 따라 쓰세요.

싸	싸	싸			쌀	
	쌰	쌰			쌍	

● 첫째소리 + 가운뎃소리 + 끝소리(아래)를 익히며 바르게 따라 써 보세요.

써	쪄	쏘	쑈	쑤	쓔	쓰	씨
써	쪄	쏘	쑈	쑤	쓔	쓰	씨
썻	썽	쏜	쏭	쑥	쑹	씁	씩

MAEILL 기본한글응용단어쓰기

● 그림을 보고 단어를 바르게 써 보세요.

	싸움질	쌍곡선
	싸움질	쌍곡선

● 단어의 뜻을 생각해 보면서 예쁘게 써 보세요.

싸움질	쌀가게	쌍곡선
싸움질	쌀가게	쌍곡선

MAEILL 바른한글익히기

● 쓰기순서를 익히며 예쁘게 따라 쓰세요.

짜	짜	짜			짝
	짜	짜			짤

● 첫째소리 + 가운뎃소리 + 끝소리(아래)를 익히며 바르게 따라 써 보세요.

쩌	쩌	쪼	쪼	쭈	쭈	쯔	찌
쩌	쩌	쪼	쪼	쭈	쭈	쯔	찌
쩌	쪘	쫓	쫑	쭙	쭝	쯤	찢

MAEILL 기본한글응용단어쓰기

● 그림을 보고 단어를 바르게 써 보세요.

	짝사랑	짜임새
	짝사랑	짜임새

● 단어의 뜻을 생각해 보면서 예쁘게 써 보세요.

짜임새	짝사랑	짬짜미
짜임새	짝사랑	짬짜미

MAEILL 바른한글익히기

● 첫소리 + 가운뎃소리(복모음) + 끝소리의 글자 쓰기

| 갬 | 겠 | 광 | 괜 | 권 | 귓 | 냈 | 넷 |

| 났 | 녔 | 닌 | 댁 | 델 | 됐 | 된 | 뒀 |

바른한글익히기

● 첫소리 + 가운뎃소리(복모음) + 끝소리의 글자 쓰기

뒷	랭	렐	뢴	뤘	맵	멜	묏
뒷	랭	렐	뢴	뤘	맵	멜	묏

뭔	뱀	벨	봤	뷥	생	셋	쇳
뭔	뱀	벨	봤	뷥	생	셋	쇳

MAEILL 바른한글익히기

● 첫소리 + 가운뎃소리(복모음) + 끝소리의 글자 쓰기

쉜	쉰	앵	엘	옛	왔	왠	왼
쉜	쉰	앵	엘	옛	왔	왠	왼
웠	웬	윗	잽	젤	죄	줬	쥘
웠	웬	윗	잽	젤	죄	줬	쥘

MAEIL 바른한글익히기
● 첫소리 + 가운뎃소리(복모음) + 끝소리의 글자 쓰기

책	쳇	촬	췄	취	캥	켄	쾅
책	쳇	촬	췄	취	캥	켄	쾅

퀸	택	텐	퇐	팅	팽	펙	했
퀸	택	텐	퇐	팅	팽	펙	했

MAEILL 바른한글익히기

● 첫소리 + 가운뎃소리(복모음) + 끝소리의 글자 쓰기

확	횟	흰	힐	깼	꽝	꾈	꿨
확	횟	흰	힐	깼	꽝	꾈	꿨
뀐	땔	뗑	뛴	뺄	쌩	쐈	찢
뀐	땔	뗑	뛴	뺄	쌩	쐈	찢

제2편 기초 단어 쓰기

MAEILL 기초단어쓰기

● 가족에 대한 명칭 쓰기 (1)

나	의	할	머	니	형	할	아	버	지
나	의	할	머	니	형	할	아	버	지

아	빠	아	버	지	엄	마	어	머	니
아	빠	아	버	지	엄	마	어	머	니

MAEILL 기초단어쓰기

● 가족에 대한 명칭 쓰기 (2)

동	생	며	느	리	나	이	모	고	모
동	생	며	느	리	나	이	모	고	모

나	부	모	님	우	리	형	제	자	매
나	부	모	님	우	리	형	제	자	매

MAEIL 기초단어쓰기

● 가족에 대한 명칭 쓰기 (3)

남	매	삼	촌	꼬	마	아	기	가	족
남	매	삼	촌	꼬	마	아	기	가	족

숙	모	당	숙	사	촌	일	가	친	척
숙	모	당	숙	사	촌	일	가	친	척

MAEILL 기초단어쓰기

● 인체에 대한 명칭 쓰기 (1)

머	리	머	리	털	이	마	눈	썹	코
머	리	머	리	털	이	마	눈	썹	코

귀	입	이	치	아	어	깨	목	덜	미
귀	입	이	치	아	어	깨	목	덜	미

MAEILL 기초단어쓰기

● 인체에 대한 명칭 쓰기(2)

| 팔 | 목 | 팔 | 꿈 | 치 | 손 | 목 | 손 | 가 | 락 |

| 무 | 릎 | 발 | 바 | 닥 | 발 | 목 | 발 | 가 | 락 |

MAEIL 기초단어쓰기

● 인체에 대한 명칭 쓰기 (3)

사	람	발	꿈	치	다	리	엉	덩	이
사	람	발	꿈	치	다	리	엉	덩	이

인	체	기	다	리	얼	굴	보	조	개
인	체	기	다	리	얼	굴	보	조	개

MAEILL 기초단어쓰기

● 옷에 대한 명칭 쓰기(1)

웃	옷	저	고	리	바	지	청	바	지
웃	옷	저	고	리	바	지	청	바	지

셔	츠	넥	타	이	옷	호	주	머	니
셔	츠	넥	타	이	옷	호	주	머	니

MAEIL 기초단어쓰기

● 옷에 대한 명칭 쓰기 (2)

치	마	스	커	트	단	추	스	웨	터
치	마	스	커	트	단	추	스	웨	터

포	켓	목	걸	이	조	끼	옷	고	름
포	켓	목	걸	이	조	끼	옷	고	름

MAEILL 기초단어쓰기

● 옷에 대한 명칭 쓰기 (3)

속	옷	내	의	리	본	벨	트	지	퍼
속	옷	내	의	리	본	벨	트	지	퍼

한	복	양	복	교	복	양	말	구	두
한	복	양	복	교	복	양	말	구	두

MAEIL 기초단어쓰기

● 옷에 대한 명칭 쓰기 (4)

하	복	운	동	복	동	복	단	체	복
하	복	운	동	복	동	복	단	체	복

예	복	춘	추	복	모	자	책	가	방
예	복	춘	추	복	모	자	책	가	방

MAEILL 기초단어쓰기

● 동물(1) 짐승에 대한 이름 쓰기

돼	지	송	아	지	황	소	코	끼	리
돼	지	송	아	지	황	소	코	끼	리

사	자	호	랑	이	여	우	너	구	리
사	자	호	랑	이	여	우	너	구	리

MAEILL 기초단어쓰기

● 동물(1) 짐승에 대한 이름 쓰기

토	끼	다	람	쥐	백	곰	곰	돌	이
토	끼	다	람	쥐	백	곰	곰	돌	이

기	린	얼	룩	말	사	슴	조	랑	말
기	린	얼	룩	말	사	슴	조	랑	말

MAEIL 기초단어쓰기

● 동물(1) 짐승에 대한 이름 쓰기

노	루	원	숭	이	이	리	고	양	이
노	루	원	숭	이	이	리	고	양	이

물	개	강	아	지	새	끼	바	둑	이
물	개	강	아	지	새	끼	바	둑	이

MAEILL 기초단어쓰기

● 동물(1) 짐승에 대한 이름 쓰기

늑	대	멍	멍	이	공	룡	동	물	원
늑	대	멍	멍	이	공	룡	동	물	원

하	마	고	래	낙	타	표	범	치	타
하	마	고	래	낙	타	표	범	치	타

MAEILL 기초단어쓰기

● 동물(2) 새의 이름 쓰기

참	새	비	둘	기	까	치	까	마	귀
참	새	비	둘	기	까	치	까	마	귀

백	조	기	러	기	박	새	갈	매	기
백	조	기	러	기	박	새	갈	매	기

MAEILL 기초단어쓰기

● 동물(2) 새의 이름 쓰기

거	위	두	견	이	타	조	뻐	꾸	기
거	위	두	견	이	타	조	뻐	꾸	기

오	리	올	빼	미	제	비	부	엉	이
오	리	올	빼	미	제	비	부	엉	이

MAEILL 기초단어쓰기

● 동물(2) 새의 이름 쓰기

잉	꼬	앵	무	새	공	작	꾀	꼬	리
잉	꼬	앵	무	새	공	작	꾀	꼬	리

펭	귄	독	수	리	매	학	두	루	미
펭	귄	독	수	리	매	학	두	루	미

MAEILL 기초단어쓰기

● 동물(2) 새의 이름 쓰기

암	탉	병	아	리	뱁	새	소	쩍	새
암	탉	병	아	리	뱁	새	소	쩍	새

칠	면	조	딱	다	구	리	봉	황	새
칠	면	조	딱	다	구	리	봉	황	새

MAEILL 기초단어쓰기

● 동물(3) 곤충·파충류 기타 벌레 이름 쓰기

나	비	잠	자	리	개	미	개	구	리
나	비	잠	자	리	개	미	개	구	리

매	미	메	뚜	기	거	미	사	마	귀
매	미	메	뚜	기	거	미	사	마	귀

MAEILL 기초단어쓰기

● 동물(3) 곤충·파충류 기타 벌레 이름 쓰기

벌	레	굼	벵	이	나	방	송	충	이
벌	레	굼	벵	이	나	방	송	충	이

파	리	지	렁	이	모	기	진	딧	물
파	리	지	렁	이	모	기	진	딧	물

MAEILL 기초단어쓰기

● 동물(3) 곤충·파충류 기타 벌레 이름 쓰기

누	에	꿀	벌	가	재	딱	정	벌	레
누	에	꿀	벌	가	재	딱	정	벌	레

독	사	살	무	사	꽃	뱀	도	마	뱀
독	사	살	무	사	꽃	뱀	도	마	뱀

MAEILL 기초단어쓰기

● 동물(3) 곤충·파충류 기타 벌레 이름 쓰기

자	라	거	북	이	전	갈	반	딧	불
자	라	거	북	이	전	갈	반	딧	불

올	챙	이	귀	뚜	라	미	두	꺼	비
올	챙	이	귀	뚜	라	미	두	꺼	비

MAEILL 기초단어쓰기

● 동물(3) 곤충·파충류 기타 벌레 이름 쓰기

여	왕	벌	풍	뎅	이	카	멜	레	온
여	왕	벌	풍	뎅	이	카	멜	레	온

여	치	하	늘	소	악	어	코	브	라
여	치	하	늘	소	악	어	코	브	라

MAEILL 기초단어쓰기

● 동물(4) 물고기·조개 등의 이름 쓰기

새	우	가	물	치	연	어	오	징	어
새	우	가	물	치	연	어	오	징	어

장	어	뱀	장	어	붕	어	금	붕	어
장	어	뱀	장	어	붕	어	금	붕	어

MAEILL 기초단어쓰기

● 동물(4) 물고기·조개 등의 이름 쓰기

낙	지	우	렁	이	조	개	고	등	어
낙	지	우	렁	이	조	개	고	등	어

명	태	쏘	가	리	넙	치	가	자	미
명	태	쏘	가	리	넙	치	가	자	미

MAEILL 기초단어쓰기

● 동물(4) 물고기·조개 등의 이름 쓰기

메	기	참	치	잉	어	미	꾸	라	지
메	기	참	치	잉	어	미	꾸	라	지

치	어	피	라	미	상	어	돌	상	어
치	어	피	라	미	상	어	돌	상	어

MAEILL 기초단어쓰기

● 동물(4) 물고기·조개 등의 이름 쓰기

갈	치	광	어	멍	게	은	어	청	어
갈	치	광	어	멍	게	은	어	청	어

송	사	리	망	둥	이	물	개	도	미
송	사	리	망	둥	이	물	개	도	미

MAEIL 기초단어쓰기

● 식물(1) 나무와 꽃 이름 쓰기

죽순	대나무	뿌리	소나무
죽순	대나무	뿌리	소나무

줄기	나팔꽃	가지	이파리
줄기	나팔꽃	가지	이파리

MAEILL 기초단어쓰기

● 식물(1) 나무와 꽃 이름 쓰기

장	미	벚	나	무	단	풍	잎	사	귀
장	미	벚	나	무	단	풍	잎	사	귀

백	합	도	토	리	팬	지	매	화	꽃
백	합	도	토	리	팬	지	매	화	꽃

MAEILL 기초단어쓰기

● 식물(1) 나무와 꽃 이름 쓰기

난	초	채	송	화	목	련	수	선	화
난	초	채	송	화	목	련	수	선	화

꽃	잎	개	나	리	목	화	봉	숭	화
꽃	잎	개	나	리	목	화	봉	숭	화

MAEILL 기초단어쓰기

● 식물(1) 나무와 꽃 이름 쓰기

박	꽃	튜	울	립	들	꽃	할	미	꽃
박	꽃	튜	울	립	들	꽃	할	미	꽃

모	란	해	당	화	목	단	민	들	레
모	란	해	당	화	목	단	민	들	레

MAEILL 기초단어쓰기

● 식물(1) 나무와 꽃 이름 쓰기

연	꽃	함	박	해	바	라	기	축	백
연	꽃	함	박	해	바	라	기	축	백

참	나	무	담	쟁	이	코	스	모	스
참	나	무	담	쟁	이	코	스	모	스

MAEILL 기초단어쓰기

● 식물(2) 열매와 과일·채소 이름 쓰기

열	매	홍	시	감	멜	론	복	숭	아
열	매	홍	시	감	멜	론	복	숭	아

딸	기	오	렌	지	포	도	청	포	도
딸	기	오	렌	지	포	도	청	포	도

MAEILL 기초단어쓰기

● 식물(2) 열매와 과일·채소 이름 쓰기

사	과	살	구	석	류	파	인	애	플
사	과	살	구	석	류	파	인	애	플

레	몬	귤	나	무	호	박	토	마	토
레	몬	귤	나	무	호	박	토	마	토

MAEILL 기초단어쓰기

● 식물(2) 열매와 과일・채소 이름 쓰기

양	파	시	금	치	배	추	양	배	추
양	파	시	금	치	배	추	양	배	추

가	지	강	낭	콩	감	자	고	구	마
가	지	강	낭	콩	감	자	고	구	마

MAEILL 기초단어쓰기

● 식물(2) 열매와 과일·채소 이름 쓰기

고	추	풋	고	추	나	물	고	사	리
고	추	풋	고	추	나	물	고	사	리

버	섯	홍	당	무	수	박	무	당	근
버	섯	홍	당	무	수	박	무	당	근

MAEIL 기초단어쓰기

● 자연(1) 우주・산천에 관한 이름 쓰기

천	둥	먹	구	름	번	개	소	낙	비
천	둥	먹	구	름	번	개	소	낙	비

백	설	눈	사	태	폭	우	무	지	개
백	설	눈	사	태	폭	우	무	지	개

MAEILL 기초단어쓰기

● 자연(1) 우주·산천에 관한 이름 쓰기

다	리	돌	다	리	서	리	섬	해	안
다	리	돌	다	리	서	리	섬	해	안

폭	포	분	수	대	강	산	시	냇	물
폭	포	분	수	대	강	산	시	냇	물

MAEILL 기초단어쓰기

● 자연(1) 우주·산천에 관한 이름 쓰기

해	변	모	래	밭	바	다	바	닷	가
해	변	모	래	밭	바	다	바	닷	가

연	못	냇	가	강	변	호	수	산	천
연	못	냇	가	강	변	호	수	산	천

MAEILL 기초단어쓰기

● 자연(1) 우주 · 산천에 관한 이름 쓰기

하	늘	우	주	지	구	화	성	수	성
하	늘	우	주	지	구	화	성	수	성

목	성	금	성	토	성	해	달	나	라
목	성	금	성	토	성	해	달	나	라

MAEILL 기초단어쓰기

● 자연(1) 우주 · 산천에 관한 이름 쓰기

대	륙	남	극	북	극	북	두	칠	성
대	륙	남	극	북	극	북	두	칠	성

정	글	밀	림	화	산	풍	향	바	람
정	글	밀	림	화	산	풍	향	바	람

MAEILL 기초단어쓰기

● 자연(1) 우주 · 산천에 관한 이름 쓰기

고	개	메	아	리	바	위	돌	멩	이
고	개	메	아	리	바	위	돌	멩	이

은	하	우	주	선	성	운	로	켓	트
은	하	우	주	선	성	운	로	켓	트

MAEILL 기초단어쓰기

● 자연(2) 계절·방향 이름쓰기

봄	볕	여	름	가	을	겨	울	사	철
봄	볕	여	름	가	을	겨	울	사	철

동	쪽	서	양	남	향	북	촌	마	을
동	쪽	서	양	남	향	북	촌	마	을

제3편 문장쓰기

MAEIL 바른문장쓰기

● 아래 문장을 예쁘고 바르게 써 보세요.

① 인류의 미래는 첨단의

과학 기술에 달려 있는

것이 아닙니다. 그 과학

MAEIL 바른문장쓰기

● 아래 문장을 예쁘고 바르게 써 보세요.

기술을 이용하는 인류의

손에 달려 있답니다. 그

리고 청정의 자연과 순

MAEILL 바른문장쓰기

● 아래 문장을 예쁘고 바르게 써 보세요.

수 인간성을 찾는 노력

에 달려 있다고 합니다.

온갖 첨단의 기술은

MAEIL 바른문장쓰기

● 아래 문장을 예쁘고 바르게 써 보세요.

인간을 편리하게 해 주

지만 그 기술들은 결국

전쟁의 살상무기에 응용

MAEIL 바른문장쓰기

● 아래 문장을 예쁘고 바르게 써 보세요.

| 되어 | 많은 | 생명들과 | 지 |

| 구를 | 파괴하게 | 되고, | 자 |

| 연의 | 청정은 | 다소 | 화려 |

MAEILL 바른문장쓰기

● 아래 문장을 예쁘고 바르게 써 보세요.

하지는 않지만 인간의

생명과 우리 지구를 살

려 주고 지켜 준답니다.

MAEILL 바른문장쓰기

● 아래 문장을 예쁘고 바르게 써 보세요.

② 진정 기뻐서 웃는 웃
② 진정 기뻐서 웃는 웃

음에는 엔돌핀이 왕성하
음에는 엔돌핀이 왕성하

게 생겨 건강을 지키는
게 생겨 건강을 지키는

MAEILL 바른문장쓰기

● 아래 문장을 예쁘고 바르게 써 보세요.

보약이 되어 행복과 복

을 가져다주지만 친구나

이웃을 깔보고 시기하고

MAEILL 바른문장쓰기

● 아래 문장을 예쁘고 바르게 써 보세요.

| 잘 난 체하며 웃는 비웃 |

| 음은 비굴하기 짝이 없 |

| 는 일본 순사의 앞잡이 |

MAEILL 바른문장쓰기

● 아래 문장을 예쁘고 바르게 써 보세요.

가 같은 동포를 괴롭혔

던 비웃음같은 것으로

비겁한 자의 웃음입니다.

MAEILL 바른문장쓰기

● 소리와 모양을 나타내는 문장을 바르고 예쁘게 써 보세요.

③ 토끼들이 산 이곳저곳을 깡총깡총

외양간의 소가 느릿느릿 겅중겅중

송아지가 들에서 뛰놀며 음메음메

MAEIL 바른 문장쓰기

● 소리와 모양을 나타내는 문장을 바르고 예쁘게 써 보세요.

마구간의 말들이 놀라서 히잉히잉

느림보 거북이가 언덕을 엉금엉금

항상 배고파 우는 돼지 꾸울꿀꿀

MAEILL 바른문장쓰기

● 소리와 모양을 나타내는 문장을 바르고 예쁘게 써 보세요.

저 멀리서 개짖는 소리 머엉멍멍

삽살개가 반기며 꼬리를 살래살래

개미들이 큰 짐을 메고 으싸으싸

MAEILL 바른문장쓰기

● 소리와 모양을 나타내는 문장을 바르고 예쁘게 써 보세요.

무서운 호랑이가 어슬렁 어흥어흥

어미 닭 뒤를 병아리들 삐약삐약

평화를 상징하는 비둘기 구우구구

MAEIL 바른문장쓰기

● 소리와 모양을 나타내는 문장을 바르고 예쁘게 써 보세요.

이른 아침 참새들 노래 째액짹짹

이른 아침 참새들 노래 째액짹짹

오리들이 뒤우퉁거리면서 꽈악꽈악

오리들이 뒤우퉁거리면서 꽈악꽈악

갈매기들 파도와 노닐며 끼룩끼룩

갈매기들 파도와 노닐며 끼룩끼룩

MAEILL 바른문장쓰기

● 소리와 모양을 나타내는 문장을 바르고 예쁘게 써 보세요.

숲속 뻐꾸기의 울음소리 뻐꾹뻐꾹

숲속 뻐꾸기의 울음소리 뻐꾹뻐꾹

나무에 앉은 두루미들이 뚜룹뚜룹

나무에 앉은 두루미들이 뚜룹뚜룹

무더운 여름이면 매미들 매앰맴맴

무더운 여름이면 매미들 매앰맴맴

MAEILL 바른문장쓰기

● 소리와 모양을 나타내는 문장을 바르고 예쁘게 써 보세요.

바닥에 떨어진 물고기가 팔딱팔딱

어항 속 금붕어들의 입 뻐끔뻐끔

나비들이 꽃들을 건너며 너울너울

MAEIL 바른문장쓰기

● 소리와 모양을 나타내는 문장을 바르고 예쁘게 써 보세요.

갯벌에 밀려오는 밀물이 찰방찰방

바닷가엔 몰아치는 파도 쏴악쏴악

강가의 바위에 잔물결이 출렁출렁

MAEIL 바른문장쓰기

● 소리와 모양을 나타내는 문장을 바르고 예쁘게 써 보세요.

냇가에는 시원한 냇물이 조올졸졸

아이들의 풀피리 소리가 필리릴리

바람타고 들려온 휘파람 휘익휘익

MAEIL 바른문장쓰기

● 소리와 모양을 나타내는 문장을 바르고 예쁘게 써 보세요.

버드나무 잎들이 바람에 살랑살랑

초가지붕에는 아기 박들 주렁주렁

봄에 돋아나는 새싹들이 파릇파릇

MAEIL 바른문장쓰기

● 소리와 모양을 나타내는 문장을 바르고 예쁘게 써 보세요.

봄이 오면 온갖 꽃들이 방긋방긋

온종일 내리는 빗줄기가 주룩주룩

풀잎에 맺힌 이슬방울이 송알송알

MAEIL 바른문장쓰기

● 소리와 모양을 나타내는 문장을 바르고 예쁘게 써 보세요.

거미줄에 걸린 구슬들이 조롱조롱

가을 단풍잎이 온 산을 울긋불긋

시계는 정확히 정각이면 데엥뎅뎅

MAEIL 바른문장쓰기

● 소리와 모양을 나타내는 문장을 바르고 예쁘게 써 보세요.

시간을 알리는 학교 종 떼엥떙떙

눈앞에 먹음직한 찐빵이 몰랑몰랑

잘 익은 떡들이 접시에 야들야들

MAEIL 바른문장쓰기

● 아래 문장을 예쁘고 바르게 써 보세요.

④ '벼는 익을수록 고개를 숙인다'라
④ '벼는 익을수록 고개를 숙인다'라

는 말은 교양있는 사람은 절대로
는 말은 교양있는 사람은 절대로

잘난 체하지 않고 친절하고 겸손
잘난 체하지 않고 친절하고 겸손

MAEIL 바른문장쓰기

● 아래 문장을 예쁘고 바르게 써 보세요.

하다는 뜻입니다. 우리는 아름다

하다는 뜻입니다. 우리는 아름다

운 말과 행동으로 슬기롭고 지혜

운 말과 행동으로 슬기롭고 지혜

로운 사람이 되어야 합니다. 그리

로운 사람이 되어야 합니다. 그리

MAEIL 바른문장쓰기

● 아래 문장을 예쁘고 바르게 써 보세요.

고 우리들은 큰 꿈과 목적의식을

가져야 합니다. 목적을 가지고 행

동하는 사람은 절대 다른 사람에

MAEIL 바른문장쓰기

● 아래 문장을 예쁘고 바르게 써 보세요.

게 의지하지 않고 자기의 일을

확실하게 해낼 수 있는 의젓한

사람이 될 수 있기 때문입니다.

문장 부호 익히기

글을 전달하고자 하는 생각을 분명하게 드러내거나 알아보기 쉽게 하기 위하여 쓰는 여러 가지 부호입니다. 문장 부호의 종류와 쓰임을 알고 바르게 쓰면, 쓰고 싶은 내용도 분명하게 나타낼 수 있습니다. 문장 부호는 아래와 같이 온점, 물음표, 느낌표, 반점, 큰따옴표, 작은따옴표 등이 있습니다.

- **온점(마침표)** : 설명하거나 시키는 문장의 끝에 씁니다.
  - 보기   내 이름은 김수현입니다.

- **물음표** : 묻는 문장의 끝에 씁니다.
  - 보기   너는 누구와 짝이 되고 싶니?

- **느낌표** : 기쁘거나 슬프거나 놀랐을때, 그 느낌을 나타내는 문장의 끝에 씁니다.
  - 보기   우아, 달이 너무나 예쁘다!

- **반점(콤마)** : 여러 말을 늘어 놓을 때나 부르는 말의 뒤에 씁니다.
  - 보기   우리 가족은 할머니, 아버지, 어머니, 동생, 나 모두 다섯 명입니다.

- **큰따옴표** : 어떤 사람이 한 말을 그대로 옮겨 적을 때에 씁니다.
  - 보기   "수빈아, 안녕!" "그래, 너도 잘 지냈니"

- **작은따옴표** : 마음 속으로 한 말을 드러내어 옮겨 적을 때에 씁니다.
  - 보기   '우리 담임 선생님은 참 아름다운 부인이야'

하 루 일 과 표

● 나의 하루 일과를 선을 잇고 색깔을 예쁘게 꾸며 보세요.

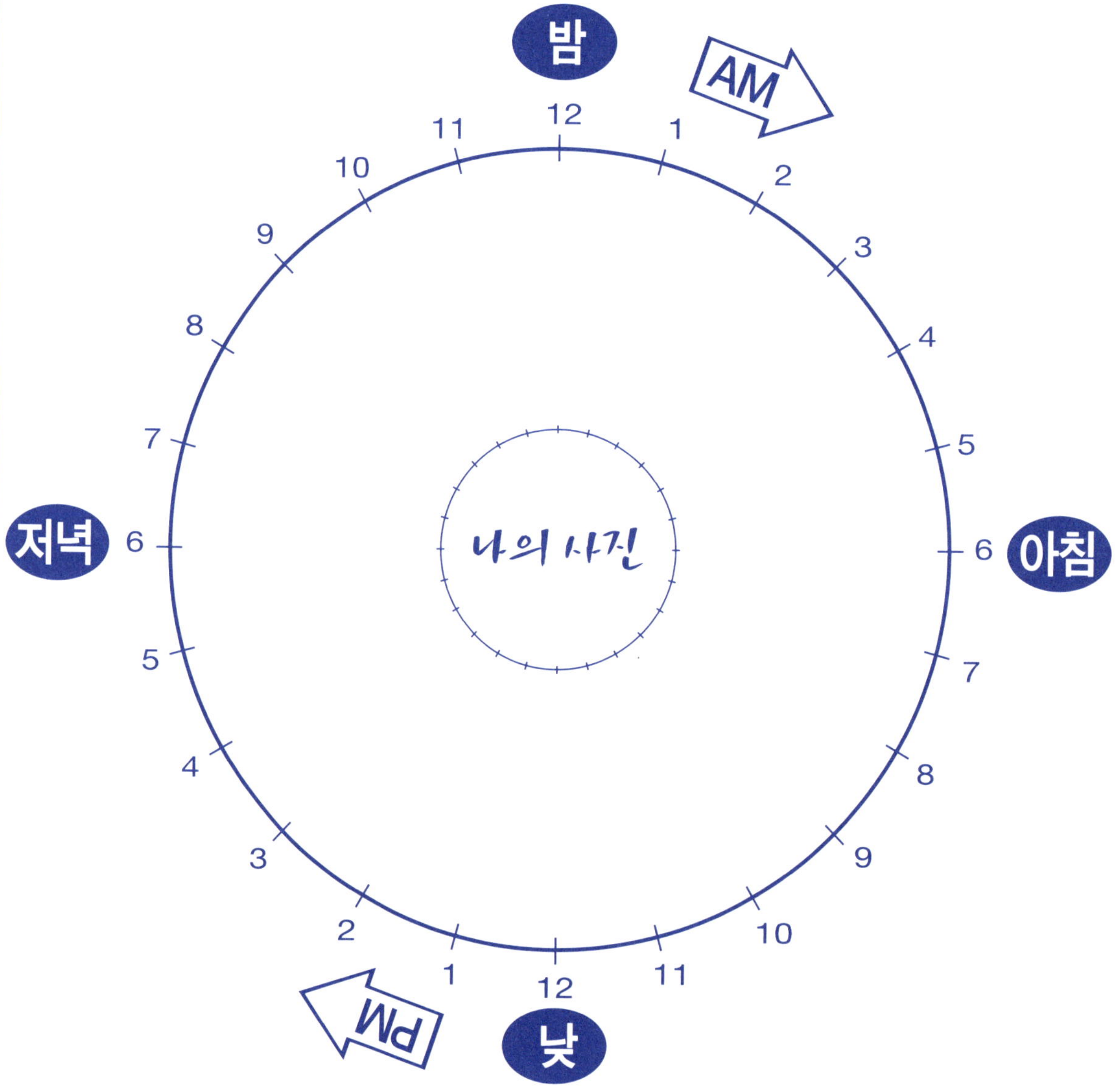

초대장 쓰기

● 생일날이나 어떤 행사 때 친구들을 초대하는 글을 써 봅시다.

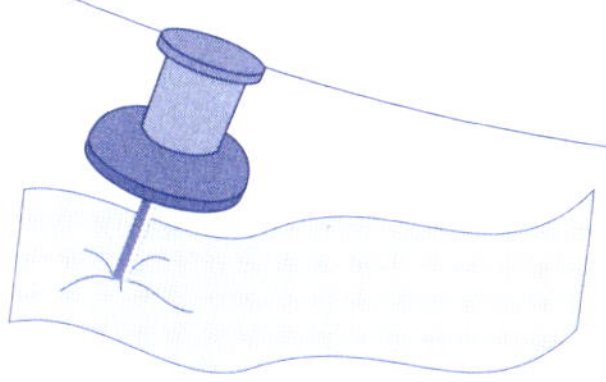

_____에게

_____

_____

_____

_____

- 때 : _____
- 곳 : _____

_____월 _____일

_____ 씀

● 초대장을 예쁘게 또는 색깔을 넣어서 곱게 꾸며 봅시다.

● 사건이나 어떤 기사의 내용을 알리고자할 때의 기록하는 원칙.

누 가	
언 제	
어디서	
무엇을	
어떻게	
왜	

문장의 내용을 요약하기

● 어떤 글을 읽고 문단별로 간추리고 요약하여 써 봅시다.

문 단	중 심 내 용
1	
2	
3	
4	